AF349601

LA STATION PRÉHISTORIQUE

d'Ygrande (Allier).

Ygrande, l'un des plus jolis villages de la Limagne bourbonnaise, est situé, à une altitude de trois cent trente mètres, au sommet d'un mamelon qui domine toute la campagne environnante. Le sol de la surface est un sable argileux tertiaire, qui recouvre les marnes irisées du trias. Ce fait géologique a son importance, car il donne naissance à une belle fontaine, la Grand-font, à laquelle le village doit son origine.

Attirés par cette source abondante d'eau pure, sourdissant dans un admirable pays de chasse, nos premiers ancêtres ne tardèrent pas à s'y fixer. Aussi depuis son apparition sur la terre jusqu'à nos jours, l'homme a laissé dans cette région des preuves indéniables et nombreuses de son existence.

Toutefois, nous remarquerons, dès le début de cette étude, que les gros instruments préhistoriques font généralement défaut, par suite de l'épierrement auquel se livrent, de temps immémorial, les pauvres du pays ; et, aussi, par suite de cette circonstance que le village moderne est bâti sur l'emplacement même de l'ancienne station. En sorte qu'il nous a fallu faire nos recherches dans les jardins, sur le champ de foire, et dans un terrain situé de l'autre côté de la route de Franchesse.

A la station du bourg se rattachent l'habitat de la Chapelle-Saint-Martial et l'habitat plus important des Varennes. Le premier est presque contigu à la station d'Ygrande ; le second en est plus éloigné. Nous ferons de tous nos instruments l'objet d'une même étude, dans laquelle nous nous contenterons d'indiquer leur provenance.

CHELLÉEN

Nous n'avons, en réalité, récolté qu'une seule hache que nous puissions rapporter nettement à la période chelléenne. Elle est large, amygdaloïde, un peu épaisse, et en un silex blond résinoïde qui lui donne un aspect rugueux et irrégulier. Nous ne l'avons pas récoltée dans la station du bourg, ou dans l'un de nos habitats, mais tout auprès du hameau Gagnol, endroit où le plateau s'incline vers la petite rivière de Pontlun.

MOUSTÉRIEN

Pendant la période précédente, le climat chaud et humide, avait permis à l'homme de vivre librement à l'air. Il avait, pour instrument à tout faire, un caillou de forme typique, plus ou moins travaillé : tantôt on le rencontre épais, triangulaire et grossier ; parfois plat, amygdaloïde, et d'une forme régulière et gracieuse, il est façonné sur l'une et l'autre face avec un art qu'égaleraient à peine nos ouvriers modernes.

Dans la période moustérienne le sol s'exhausse ; le climat est froid et humide ; la faune varie : la lutte pour la vie devient plus dure. L'homme, plus industrieux, modifie son premier instrument ; et nous voyons apparaître des pointes, des racloirs et des scies taillés sur une seule face.

L'habitat des Varennes nous a fourni une très bonne pointe en silex tertiaire d'eau douce des alluvions miocènes. Elle mesure cinquante-six millimètres de longueur sur quarante-trois de largeur. Elle est façonnée par l'enlèvement d'une série de petits éclats : un talon épais permettait de la tenir facilement à la main.

Nous avons récolté, dans le même habitat, le sommet d'une pointe grossière en silex blond. Un autre sommet de pointe, en silex blond pâle, provient du bourg d'Ygrande.

SOLUTRÉEN

Pendant la période solutréenne, celle où la taille de la pierre atteignit la plus haute perfection, la température s'était sensiblement adoucie. Nous n'avons pas trouvé la trace de l'homme durant cette période, relativement courte, d'ailleurs, soit qu'il ait émigré, soit que les rares instruments, ramenés à la surface par les travaux, aient frappé l'œil plus facilement.

MAGDALÉNIEN

Le sol s'étant exhaussé sensiblement de nouveau, l'air devint plus sec et la température subit un refroidissement considérable. Les glaciers s'étendirent, la faune et la flore se modifièrent, les rhinocéros avaient disparu, les éléphants disparaissaient à leur tour. Avec le climat boréal, le renne fit son apparition.

Pour se garantir du froid, l'homme rechercha les grottes et les abris naturels ; mais, ainsi que le remarque fort judicieusement M. de Mortillet, c'est à tort que l'on a voulu faire de l'homme magdalénien un véritable troglodyte. Il ne l'était pas plus que l'est de nos jours le lapon. Il savait, comme lui, se créer des abris artificiels.

L'instrument caractéristique de la période magdaléenne, le burin, n'est pas commun à Ygrande. Cela n'a rien qui puisse nous surprendre, car les gravures sur bâtons de commandement ou sur plaques de schiste ne pouvaient guère servir qu'à flatter la vanité des chefs de famille ou de tribu.

Nous avons récolté, dans la station du bourg, un burin en silex blond tertiaire d'eau douce. C'est une lame grossière, assez courte, qui offre la forme du burin par suite de l'enlèvement de deux éclats à son sommet. Un autre burin, de la même station est l'utilisation d'un débris irrégulier et épais de silex quartzeux.

L'habitat de Saint-Martial, véritable continuation de la station d'Ygrande, nous a fourni également un burin. Mais le plus intéressant de ces instruments provient de l'habitat des Varennes. C'est une lame plate, appointie en forme de burin à l'une de ses extrémités, tandis que le pourtour de la partie la plus large et la plus mince forme grattoir.

Les fouilles incomplètes et irrégulières que nous avons faites, çà et là, dans un sol déjà remué, ne nous ont fait découvir aucun bâton de commandement ni aucune plaque de schiste. Mais des recherches entreprises dans des conditions meilleures amèneraient peut-être la découverte de gravures de schiste bitumineux, par suite de l'affleurement, à de faibles distances, de cette roche du houiller supérieur.

Nous rapporterons à notre magdalénien une molaire d'un *Canis lupus*, animal jeune et de forte taille. Bien qu'elle ne soit pas percée, elle a pu faire partie d'une pendeloque.

Nous avons encore récolté, dans nos fouilles, un silex naturel paraissant avoir subi quelques retouches intentionnelles. Il imite assez bien la botte du lapon (n° 101) (1).

Comme dans toutes les stations, les lames ou couteaux abondent à Ygrande ; mais ces instruments y sont si petits, ils annoncent une telle dégénérescence dans l'emploi du silex, qu'on les prendrait, volontiers, pour de simples petits éclats sans valeur industrielle, si de nombreux nucléus, irréguliers de forme et lilliputiens

---

(1) Les numéros que nous donnons sont ceux que les objets portent dans notre collection.

eux-mêmes, n'offraient la preuve que ces lames ou couteaux sont bien de véritables instruments. Du reste, l'exiguïté des outils et la grande variété des roches en usage sont les deux signes distinctifs du magdalénien d'Ygrande.

Nous mentionnerons surtout un fragment de couteau en agathe rose, marbré de blanc, récolté dans la station du bourg, et une petite lame en quartz améthysé, de la même provenance. Ces roches, comme le quartz hyalin, et comme le quartz plus ou moins opaque, ou impur, paraissent provenir de la colline du bois d'Aglan, commune de Theneuille.

Nous signalerons ensuite huit couteaux en silex tertiaire ou en quartz, et un autre, malheureusement détérioré, en très beau jaspe jaune.

Un autre couteau minuscule est en silex blond pâle, tertiaire : il offre des arêtes très vives. On le prendrait volontiers pour un simple éclat, si les instruments de cette petitesse étaient une rare exception. Nous verrons plus loin de véritables instruments de dimensions semblables à celle de notre couteau.

Ces lames ou couteaux proviennent de la station du bourg d'Ygrande.

On comprend aisément que des instruments de cette nature n'étaient pas de véritables couteaux, dans le sens où nous prenons ce mot, et qu'ils ne pouvaient servir à dépouiller un renne ou à le dépecer.

Si nos lames n'étaient pas de véritables couteaux, il fallait qu'il y en eut en bois durci, en os, ou en corne de cervidé.

Un simple éclat avec quelques coches irrégulières suffirait, au besoin, pour scier un os ou une corne de renne. Nous n'en avons pas moins de véritables scies.

Celle dont nous offrons le dessin (n° 167), provient du bourg d'Ygrande. C'est un éclat en silex blond tertiaire, qui porte en partie la gangue naturelle du caillou, mais dont la partie servant de scie a été soigneusement travaillée.

Parmi nos lames et nos éclats de silex, il en est que nous sommes obligés de classer au nombre des écrasoirs, sans que cette attribution nous satisfasse complètement pour quelques-uns d'entre eux.

Cependant nous possédons un véritable écrasoir en silex tertiaire brun, jaspeux, provenant du bourg d'Ygrande. Le plan de frappe est intact, mais la partie dorsale offre, sur tout le côté gauche, les traces de l'écrasement. Le côté gauche de l'autre face offre des traces pareilles.

Nous devons mentionner encore une petite lame ou couteau en silex blond tertiaire, demi-translucide, dont le sommet et le côté droit ont servi d'écrasoir, tandis que le côté gauche a conservé l'acuité de son tranchant.

Nous avons une autre petite lame en quartz dont un côté a servi d'écrasoir, tandis que l'autre est resté coupant.

Ces instruments ont été récoltés dans la station du bourg. Plusieurs autres longs éclats n'ont pas subi l'écrasement.

Un de nos savants amis a émis cette hypothèse que les éclats semblables à celui que nous figurons sous le nº 130 ont pu servir d'aiguilles au commencement de la période magdalénienne. Des fentes auraient été faites dans les peaux à coudre, au moyen de couteaux pointus (nº 80) ; et la fibre servant de fil, enroulée autour d'un de nos silex longs, aurait été introduite successivement dans chaque fente. Plusieurs autres hypothèses pourraient être émises ; aucune ne nous satisfait complètement.

La véritable aiguille et les pointes en os ou en corne de cervidés apparaissent pendant le magdalénien. Des lames ou éclats en silex dur pouvaient suffire pour la fabrication des pointes, harpons et autres instruments analogues. Un éclat naturellement pointu, permettait, au besoin, de percer le chas d'une aiguille. Mais la pointe de cet éclat se brisait vite ; et l'idée vint bientôt aux hommes de cette époque, de fabriquer de véritables perçoirs. Ces instruments sont des pointes renforcées, obtenues par l'enlèvement intentionnel d'éclats. Les perçoirs sont droits ou latéraux. Ils ont, comme les burins, un air de famille qui les fait reconnaître facilement.

Nous avons récolté plusieurs perçoirs intéressants dans la station du bourg d'Ygrande, entr'autres :

Un perçoir en silex tertiaire provenant du jardin de la maison que nous habitions. Il a été obtenu par l'enlèvement de longs éclats, et suffirait, ainsi que tous nos perçoirs, pour confectionner entièrement une aiguille.

Un excellent perçoir en un quartz hyalin tel qu'il s'en trouve, sous forme de cailloux roulés, sur les bords des étangs de Theneuille et de Saint-Aubin, communes voisines d'Ygrande.

Un autre perçoir également taillé dans un caillou roulé et qui relie, par sa forme, le perçoir droit au perçoir latéral. L'emploi de ces cailloux roulés prouve la rareté du silex à l'époque magdalénienne.

Un autre qui tient également le milieu entre le perçoir droit et le perçoir latéral. Il est en quartz hyalin ; et l'ouvrier pour obtenir la forme voulue, a dû tailler le quartz à petits coups.

Nous avons encore un perçoir latéral très bien conservé en quartz hyalin. Il est fait par enlèvements de grands éclats, sans retouches sérieuses.

Le nombre des instruments spéciaux au travail de l'os ou des bois de cervidés faisait espérer une ample récolte de poinçons et d'aiguilles. Il n'en a rien été. Les animaux fouisseurs ont dévoré tout ce que le champ de foire pouvait contenir. Le défonçage d'une partie de notre jardin a bien permis de ramener à la surface des fragments d'instruments, mais ils ont été dispersés malgré notre surveillance, et nous n'avons pu récolter qu'une sommité de pointe (n° 323) et une flèche, tous deux en corne de cervidé.

Un éclat de silex dur suffisait, certainement, pour arrondir de longs éclats d'os ou de corne. Néanmoins, ce genre de travail dut conduire nos ancêtres à l'idée du grattoir concave et nous en avons trouvé en silex tertiaire rosé du pays dont la concavité a subi toute une série de fines retouches.

Notre grattoir concave le plus intéressant est formé dans une lame de quartz demi-laiteux, tout aussi dur que le quartz hyalin. Il présente deux échancrures, l'une à gauche, assez petite, et l'autre à droite, assez grande.

Notre n° 388 est l'utilisation intelligente d'un éclat en silex tertiaire quartzeux. Quelques retouches ont suffi pour former le grattoir.

Nous avons dit plus haut que les perçoirs, faciles à reconnaître, avaient leur usage parfaitement déterminé. Il n'en est pas de même de plusieurs pointes en silex tertiaire ou en quartz, récoltées dans le bourg d'Ygrande. La mieux travaillée, dont nous n'avons malheureusement que le sommet, a été obtenue par une série de retouches sur l'une et l'autre arête. Comme dans les autres pointes, l'arête la plus vive est du côté droit. Nous figurons (n° 252) une de ces pointes en silex tertiaire qui offre une arête vive du côté droit et sur laquelle de nombreuses retouches ont fait disparaître l'autre complétement.

Toutes nos pointes sont retouchées sur une seule face.

Avant de continuer cette étude, nous irons au-devant d'une objection que l'on pourrait nous faire, en remarquant que le représentant le plus autorisé de l'école française, M. de Mortillet, dans son remarquable *Préhistorique*, classe, parmi les instruments robenhausiens, les perçoirs, les grattoirs concaves et les pointes que nous venons de décrire. La contradiction est tout apparente. Ces instruments, comme les aiguilles, les sagaies, les harpons, appartiennent aux deux époques et servaient aux mêmes usages. Ce ne sont des instruments caractéristiques ni du magdalénien, ni du robenhausien. Si nous les avons classés dans la période magdalénienne, c'est qu'ils offrent tous les signes distinctifs du magdalénien d'Ygrande, l'exiguïté.

GRATTOIRS

Notre station offre cette anomalie, que les grattoirs convexes y sont aussi rares qu'ils sont, d'ordinaire, communs dans les autres stations.

En règle générale, le grattoir quaternaire est une mince lame, dont le sommet a été arrondi par des retouches ; et le grattoir robenhausien, un débris retouché sur son pourtour.

Nous avons récolté neuf grattoirs en jaspe jaune ou en silex blond, et un autre en silex du houiller supérieur d'une commune voisine, Buxières ou Saint-Hilaire. Un grattoir conique (n° 65) provenant de l'habitat de Varennes, est l'utilisation d'un petit nucleus. Ses caractères généraux en font, à notre avis, une pièce de transition entre les industries magdalénienne et robenhausienne.

ROBENHAUSIEN

Mais nous avons franchi la période magdalénienne, et nous sommes arrivés à celle de la pierre polie. Le climat est devenu clément ; la faune et la flore ont changé. Les peuplades magdaléniennes ont émigré avec le renne ; et des peuplades nouvelles, d'une autre race peut-être, ont pris lentement la place de leurs devancières, introduisant, avec des instruments nouveaux, la domestication des animaux, l'agriculture et la poterie, c'est-à-dire une civilisation nouvelle ; et aussi, des sentiments nouveaux, le culte des morts et les manifestations de la religiosité.

L'homme de la période robenhausienne a laissé à Ygrande des traces peu nombreuses de son long séjour. Avec les cailloux tertiaires de la surface d'un sol que la neige ne couvrait plus, il fabriqua des instruments plus volumineux, qui sont, depuis, tombés plus facilement sous la main des épierreurs et des jardiniers.

Nous donnons (n° 16), la base d'une pointe de lance en un silex blanchi, craquelé par suite d'un long séjour sur la terre. A juger par cette base, finement retouchée sur l'une des faces, la lame devait être de grande dimension et fort belle.

Cette lame et trois autres entières proviennent de la station du bourg. dans laquelle nous avons également récolté un perçoir, à une profondeur de cinquante centimètres, à côté d'un grattoir grossier. L'un et l'autre sont en silex blond pâle.

Nous avons trouvé, dans notre jardin, un ciseau très intéressant et très bien conservé en jaspe brun.

Une molette, provenant d'un champ voisin, n'est autre qu'un simple caillou tertiaire, s'adaptant parfaitement à la main, et dont un des côtés est poli par un long usage.

En dehors de notre station et de nos habitats, mais sur le territoire d'Ygrande, à Jayère, nous avons récolté un fragment important de poignard en silex de Pressigny (n° 488).

Nous avons trouvé dans l'habitat de Varennes, un sommet de lame épaisse et retouchée, en silex de Pressigny.

Nous y avons encore récolté trois lames courtes, épaisses, et en même silex, portant les signes du travail intentionnel. Elles confirment cette opinion de M. Pérot, que le silex de Pressigny était parfois transporté, dans nos stations de l'Allier, à l'état brut.

Les haches polies sont bien peu nombreuses ; et il ne peut en être autrement dans un endroit depuis si longtemps défriché. Nous avons, néanmoins, une sommité de hache en silex de roche, trouvée près de l'habitat des Varennes. Nous devons, également, à l'obligeance d'un ancien voisin, un fragment de hache en diorite, le seul récolté dans la station du bourg. Nous avons encore un fragment important de hache des tombeaux en schiste siliceux, provenant du domaine de Neverdière. Une très belle hache entière, en même roche, y aurait été trouvée depuis notre départ d'Ygrande.

Nous allons passer maintenant, à l'examen de nos flèches. Nous avons d'abord des ébauches, véritables lames ou éclats triangulaires qui suffisaient, au besoin, comme instrument de chasse ou de défense. Les plus beaux éclats, ceux qui se prêtaient le mieux aux retouches des côtés, étaient travaillées avec soin, sur l'une et l'autre face.

Notre n° 118 est une flèche à pédoncule et à barbelures. L'une des barbelures est oblique, et l'autre droite, par suite de retouches, sans doute.

Mais notre plus belle flèche est en silex blond translucide. La base en est curviligne. Les deux côtés ont été rabattus par une série de fines retouches, qui en font un véritable bijou (n° 560).

NUCLEUS

Après l'examen de nos instruments des divers âges de la pierre, dans la station d'Ygrande, il nous resterait à faire encore celui de nos nucleus. Nous y trouverions plus d'un enseignement utile. Nous verrions d'abord, leur exiguïté correspondre à celle de nos instruments magdaléniens ; et nous pourrions aussi, par eux, connaître la grande variété des roches alors en usage : silex tertiaire d'eau douce, plus ou moins siliceux, plus ou moins résinoïde, plus ou moins chalcédonieux ; le quartz avec ses différentes variétés, quartz terreux, impur, quartz opaque, quartz hyalin ; l'agathe ; la cornaline ; les différentes variétés du jaspe local, silex jaspeux, jaspe brun, jaspe jaune, jaspe rouge, jaspe vert.

Nous donnons, (n° 400), le dessin du plus gros nucleus que nous ayons récolté. Un plan de frappe unique a permis de détacher de petites lames tout autour.

L'examen de nos instruments nous a déjà permis, d'ailleurs, de constater la grande variété des roches employées. Leur nombre indique assez l'importance et la durée de la station préhistorique d'Ygrande, et celle des habitats, ses annexes, durant la période magdalénienne surtout.

Nous terminerons cette étude en adressant nos sincères remerciements aux personnes qui nous ont aidé dans nos recherches, et surtout à M. Fayollet, secrétaire de la mairie de Bourbon-l'Archambault. Nous adressons aussi nos plus vifs remerciements à notre savant ami M. F. Pérot, qui a toujours mis à notre disposition sa grande expérience du préhistorique et sa belle collection.

A. MALLET.

Extrait de la *Revue scientifique du Bourbonnais et du Centre de la France* (Mars 1891).